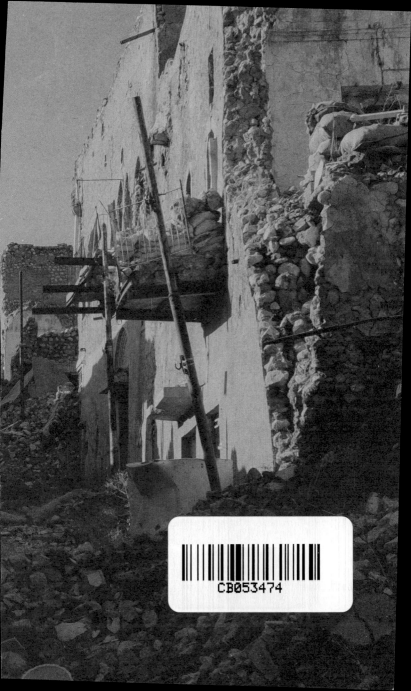

SERVIÇO SOCIAL DO COMÉRCIO
Administração Regional no Estado de São Paulo

Presidente do Conselho Regional
Abram Szajman
Diretor Regional
Luiz Deoclecio Massaro Galina

Conselho Editorial
Carla Bertucci Barbieri
Jackson Andrade de Matos
Marta Raquel Colabone
Ricardo Gentil
Rosana Paulo da Cunha

Edições Sesc São Paulo
Gerente Iã Paulo Ribeiro
Gerente adjunto Francis Manzoni
Editorial Jefferson Alves de Lima
Assistentes: Antonio Carlos Vilela,
Lucas Nascimento Pinto
Produção Gráfica Fabio Pinotti
Assistente: Thais Franco

EDGAR MORIN

Tradução
Edgard de Assis Carvalho
Mariza Perassi Bosco

edições sesc

DE GUERRA EM GUERRA
DE 1940 À UCRÂNIA

Esta obra foi publicada originalmente com o título *De Guerre en guerre: De 1940 à l'Ukraine* por:
© 2023, Éditions de l'Aube
http://www.editionsdelaube.com
© Edições Sesc São Paulo, 2024
Todos os direitos reservados

Tradução Edgard de Assis Carvalho e Mariza Perassi Bosco
Preparação André Albert
Revisão Lígia Gurgel
Projeto gráfico, capa e diagramação André Hellmeister / Estúdio Collages
Ilustração da capa André Hellmeister sobre imagem de Levi Meir Clancy, Unsplash

Dados Internacionais de Catalogação na Publicação (CIP)

M8253g	Morin, Edgar De guerra em guerra: de 1940 à Ucrânia / Edgar Morin; Tradução Edgard de Assis Carvalho; Mariza Perassi Bosco. – São Paulo: Edições Sesc São Paulo, 2024. – 92 p. ISBN: 978-85-9493-305-8 1. Guerra. 2. Crise econômica. 3. Guerra da Ucrânia. 4. Rússia. 5. Desinformação jornalística. 6. Paz. I. Título. II. Subtítulo. III. Carvalho, Edgard de Assis. IV. Bosco, Mariza Perassi. V. Edgar Nahoum. CDD 301.3

Ficha catalográfica elaborada por Maria Delcina Feitosa CRB/8-6187

Edições Sesc São Paulo
Rua Serra da Bocaina, 570 – 11º andar
03174-000 – São Paulo SP Brasil
Tel.: 55 11 2607-9400
edicoes@sescsp.org.br
sescsp.org.br/edicoes
 /edicoessescsp

Nota à edição brasileira

Neste breve ensaio, o filósofo e sociólogo Edgar Morin trata da guerra. Um dos mais importantes pensadores do nosso tempo escreve aqui motivado pelo horror que voltou a assombrar a Europa e o mundo, desde fevereiro de 2022, com a invasão da Ucrânia pela Rússia. Com 102 anos recém-completados quando produziu o texto, Morin fala sobre a barbárie de todas as guerras que viu.

Abre esta curta mas profunda obra lembrando que o primeiro bombardeio aéreo terrorista sobre a Europa partiu da Alemanha, em maio 1940, aniquilando a cidade de Roterdã. Mas faz isto para completar em seguida: "Depois houve os bombardeios aliados sobre as cidades alemãs". E conta das cenas trágicas que encontrou na cidade de Pforzheim, em 1945, enquanto cruzava a Alemanha como jovem adido militar. Relata a destruição em massa de populações e cidades inteiras com suas edificações, dando a ver o modo como numa guerra todos perdem, perde a humanidade:

"[...] o horror do nazismo ocultou de nós as hecatombes dos golpes de terror dos Aliados sobre as populações civis".

Entre as outras guerras que seu século viu e são testemunhadas aqui em sua perspectiva sempre complexa, estão a Guerra da Argélia, a Guerra da ex-Iugoslávia, a Guerra do Iraque e o conflito entre Israel e Palestina. Relembra esses choques bélicos observando a relevância de temas como histeria, espionagem, radicalização dos conflitos e a espiral de ódios entre povos: "Quanto mais a guerra se intensifica, mais difícil é a paz, e mais urgente ela se torna".

Esta edição que o Sesc traz ao público brasileiro ganha prefácio do jornalista e doutor em Comunicação e Semiótica Leão Serva. Correspondente de guerra pelo jornal *Folha de S.Paulo*, cobrindo a Guerra da Bósnia, Serva é autor do livro *A fórmula da emoção na fotografia de guerra*, das Edições Sesc.

SUMÁRIO

Prefácio	10
De guerra em guerra	20
Histeria de guerra	28
A radicalização dos conflitos	40
As surpresas do inesperado	52
Ucrânia	68
Pela paz	84
Sobre o autor	90

PREFÁCIO

De árvores e florestas

Leão Serva

"Entramos na crise da humanidade sem ter conseguido alcançar a Humanidade; não vemos o todo, o que vemos, no máximo, são alguns fragmentos do grande problema"

(Morin, p. 32).

O autor deste livro tem mais de cem anos. Nasceu na França em 1921, pouco depois da Primeira Guerra Mundial. Viveu o século mais violento da história, até então, e segue testemunhando o que parece vir a ser o novo recordista. Sua trajetória é exemplar de muitos dos dramas que marcaram a história da humanidade.

Nascido Edgar Nahoum, ele até hoje usa como sobrenome o *"nom de guerre"* adotado na Resistência Francesa à invasão nazista, para esconder a identidade judaica. É filho de imigrantes judeus-sefarditas, descendentes daqueles que foram expulsos da Espanha em 1492, viveram em Tessalônica, na Grécia sob domínio turco e, no começo do século XX, foram novamente empurrados para longe pelo antissemitismo, encontrando asilo na França. Nasceu sob a crise dos anos 1920; viveu a quebra da Bolsa de Nova York, em 1929, e suas terríveis consequências econômicas e políticas espalhadas pelo planeta, especialmente na sua Europa, onde açulou nacionalismos e fez crescer a expressão eleitoral da extrema-direita. Foi na ressaca da quebradeira geral que os nazistas tiveram um terço dos votos na Alemanha e foram chamados a compor governo em 1933, enquanto uma onda conservadora e autoritária varria a Europa.

Morin viveu e lutou na Segunda Guerra Mundial e acompanhou os conflitos posteriores: a Guerra de Independência da Argélia, as guerras de Coreia, Vietnã, Afeganistão, ex-Iugoslávia (especialmente na Bósnia), Golfo 1 e 2, além das mais recentes no Oriente Médio e na Europa Oriental, tornando-se um privilegiado analista dos cenários da geopolítica internacional, que ele compreende como poucos.

É nessa condição que, em novembro de 2022, ele se volta para a guerra da Rússia contra a Ucrânia para alertar contra o risco de o conflito se tornar planetário (uma profecia que desde então parece se realizar, com a crescente participação, ainda que indireta, de Estados Unidos, Inglaterra, China, Coreia do Norte e Irã): "[...] devo relembrar minha experiência com radicalizações que desencadearam os piores tipos de atrocidades de guerra e terminaram com os mais trágicos resultados" (p. 42).

Para tanto, com o espírito de quem observa o cenário global e pensa sob a perspectiva longa do tempo histórico, ele escreve *De guerra em guerra* com o objetivo de elencar os diversos elementos constantes dos processos bélicos, como resume a partir da página 30: "histeria"; "mentiras de guerra"; "espionite" (uma espécie de paranoia coletiva que enxerga suspeitos em toda parte); "criminalização do povo inimigo". Esses elementos levam à "radicalização dos conflitos", em um processo a que ele assistiu diversas vezes ao longo da história e vê se repetir no cenário em torno da guerra entre Rússia e Ucrânia. Para expor como esse processo se constrói, ele cita diversos exemplos, muitos de sua experiência pessoal, de como ao longo da Segunda Guerra Mundial as forças aliadas cometeram atrocidades contra a população civil alemã:

> Enquanto era adido militar numa missão do Estado-Maior do Primeiro Exército, comandado pelo general Lattre de Tassigny, fui a Pforzheim [sudoeste da Alemanha], onde senti um horror que rapidamente refreei, dizendo a mim mesmo: "É a guerra". De fato, em fevereiro de 1945, três meses antes da capitulação de uma Alemanha já vencida, a pequena cidade de Pforzheim foi totalmente destruída por um raide de 377 aviões bombardeiros da Força Aérea Real britânica. Oitenta e três por cento das edificações foram demolidas; cerca de 17 mil civis, um terço da população, foram mortos, e outros tantos ficaram feridos. (p. 22)

Em seguida, ele cita diversos outros exemplos até mais atrozes. E conclui:

> Não existe qualquer dúvida de que, durante a Segunda Guerra Mundial, os crimes de guerra perpetrados pela Alemanha nazista contra judeus, ciganos e populações civis tomadas como reféns e fuziladas foram crimes de guerra [...] Entretanto, nada nos impede de pensar, retrospectivamente, que os pesados bombardeios sobre as cidades alemãs e sua população civil, sem que houvesse um objetivo militar preciso, constituem crimes de guerra sistêmicos. (p. 24-25)

Seu ensaio é tão atual que ao longo do texto menciona o processo de radicalização do conflito entre Israel e os palestinos, que cerca de um ano depois chegaria a uma espécie de paroxismo depois do ataque sanguinário do Hamas a alvos civis dentro do território de Israel, em 7 de outubro de 2023, e da reação de Tel Aviv, que atingiu contornos de massacre. (Quando eu estava para terminar este texto, em 13 de abril de 2024, o Irã disparou centenas de drones e mísseis em direção ao território israelense, no primeiro ataque direto da república islâmica a Israel em sua história, ultrapassando um limite que pode alterar a dinâmica da geopolítica no Oriente Médio.)

Ciente da influência que conquistou como intelectual independente, acostumado a desafinar os coros maniqueístas, Morin conclui este livro com um plano para as negociações de paz entre Rússia e Ucrânia. Não sem antes refutar as acusações daqueles que defendem a guerra – muitos por se beneficiar dela, outros por serem vítimas dos distúrbios que ele aponta na psicologia de massas –, de que a defesa do fim do conflito seria uma espécie de capitulação à agressão de Vladimir Putin, consolidando a vitória de seus métodos expansionistas. Como vacina, Morin menciona outras negociações anteriores das potências ocidentais com tiranos possivelmente piores do que o ditador russo: "Será impossível negociar com um déspota? O Ocidente já negociou com Stálin e Mao, e hoje negocia com Xi Jinping. Volto a dizer que Putin é um déspota capaz de realismo". Atingir um entendimento entre Rússia e Ucrânia, ele diz, significará evitar que a permanência da guerra a faça se espalhar na forma de um novo conflito mundial que, vaticina, será pior que os anteriores.

As reflexões de Morin estão amparadas em uma intensa experiência em torno de fatos históricos, com os quais ele supera as ilusões causadas pela cobertura jornalística dos acontecimentos, sempre exposta à desinformação decorrente de seu método. Como o observador próximo que, por ver as árvores, não enxerga a floresta (na reflexão de Ortega y Gasset), as notícias não deixam ver a história; ao contrário, o sistema das notícias encobre a lógica profunda que está por trás da cortina de novidades. O lento movimento das placas tectônicas da história não pode ser apreendido por quem observa a aparência de estabilidade na superfície. O escritor americano Robert D. Kaplan, em *Balkan Ghosts* (1993), cita sua admiração pela capacidade do dissidente iugoslavo Milovan Djilas de "estar sempre certo", "ser capaz de prever o futuro", que atribui ao fato de ele "ignorar os jornais diários e pensar apenas historicamente". Como Djilas, Morin está longe das árvores, por isso compreende o bosque.

Há três guerras em curso, explica Morin: (a) a guerra civil entre a Ucrânia e as províncias rebeldes com população majoritária russa, iniciada em 2014; (b) a guerra entre Rússia e Ucrânia, iniciada com a invasão russa em fevereiro de 2022; e (c) uma guerra entre os Estados Unidos e a Rússia pela hegemonia planetária, que foi a causa remota da invasão russa e é também a causa do patrocínio americano que garante a capacidade dos ucranianos de enfrentar o exército russo, muito mais poderoso.

Essa constatação não aparece nos relatos da imprensa, uma vez que o jornalismo não é um meio bom para a divulgação de histórias complexas, ele depende sempre de uma **redução** dos enredos a cenas maniqueístas, de bons contra maus. Por isso mesmo, as narrativas sobre o conflito têm sempre os russos no papel simplista de invasor da Ucrânia e os ucranianos como vítimas do tirano Putin.

Saem as questões complexas, como o fato de que a Crimeia, origem do conflito entre os dois países em 2014, é uma província russa concedida à Ucrânia pelo governo soviético de Nikita Kruschev, em 1954, logo após o trauma dos sombrios anos sob Josef Stálin (1927-1953), que, entre outras terríveis ações, deportou da província toda a população tártara, que ali vivia desde a Idade Média. Nos anos 1950, Ucrânia e Rússia faziam parte da mesma União Soviética, de alguma forma tanto fazia a Crimeia ser parte de uma república ou de outra, já que ambas integravam uma unidade maior. Quando terminou a União Soviética, em 1991, os dois países passaram a ser repúblicas separadas; mais ainda, depois de 2014, passaram a ter interesses geopolíticos antagônicos (a Ucrânia buscando sua união com a aliança militar ocidental Otan e com a União Europeia), a posição estratégica da região voltou a ser um ponto de discórdia, uma área de disputa. Como já ocorrera antes, no século XIX, a Crimeia se tornou de novo palco de disputa, de mais uma dessas guerras que se repetem sempre no mesmo lugar. Essa história complexa não cabe no enredo da imprensa.

Também submergiu no noticiário a presença de grupos nazistas na Ucrânia, um dado bem conhecido no Brasil, onde o símbolo dos extremistas da nação eslava esteve presente nas manifestações de direita, tanto no enredo da queda de Dilma

Rousseff quanto no governo Bolsonaro e nas tentativas de golpe que marcaram sua derrota. Desde que a Rússia invadiu a Ucrânia, a imprensa submeteu essa questão ao enredo maniqueísta: entre "a vítima Ucrânia" e a "agressora Rússia", não cabem referências aos grupos nazis ucranianos. Hoje esses extremistas são citados apenas como se fossem uma criação folclórica de Putin para açular a opinião pública de seu país.

A **redução** do noticiário a esquemas simplistas e a **submissão** de notícias ao destaque maior de outras, fazendo que o leitor não apreenda sua importância, são dois procedimentos clássicos da desinformação essencial do jornalismo, como aponto em *Jornalismo e desinformação*[1].

***

O livro que você tem nas mãos foi escrito em novembro de 2022, quando a guerra tinha pouco mais de seis meses e, embora não parecesse ter um fim iminente, tampouco se poderia prever que fosse perdurar tanto e, mais ainda, atrair a participação de mais potências militares, sugerindo realmente a sua mundialização.

---

[1] *Submissão ocorre quando um fato "embora noticiado, tem uma edição que não permite ao receptor compreender sua real importância [...] a edição não confere o destaque merecido diante de sua importância histórica ou política do fato". Leão Serva,* Jornalismo e desinformação, *São Paulo, Senac, 2001, p. 66.*

Morin previu tudo isso, mostrando mais uma vez como suas referências complexas, baseadas na história, de que ele é uma testemunha, são fator fundamental tanto para uma análise mais sutil e livre do maniqueísmo que a superficialidade traz às redações e seus leitores quanto para uma impressionante capacidade preditiva – o que faz de *De guerra em guerra* uma referência necessária e atual.

Leão Serva *é mestre e doutor em Comunicação e Semiótica. Como correspondente do jornal* Folha de S.Paulo, *cobriu a Guerra da Bósnia (1992-95) e outros conflitos. Atual diretor internacional de jornalismo da TV Cultura e correspondente em Londres, é autor de* A fórmula da emoção na fotografia de guerra *(Edições Sesc, 2020).*

DE GUERRA EM GUERRA

O primeiro bombardeio aéreo terrorista na Europa foi o da Luftwaffe, em maio de 1940, que aniquilou Roterdã. Foi seguido pelos ataques aéreos sobre Londres, ao longo do verão de 1940, que cessaram após a heroica resistência da Força Aérea Real britânica.

Depois houve os bombardeios aliados sobre as cidades alemãs.

Enquanto era adido militar numa missão do Estado-Maior do Primeiro Exército, comandado pelo general Lattre de Tassigny, fui a Pforzheim [sudoeste da Alemanha], onde senti um horror que rapidamente refreei, dizendo a mim mesmo: "É a guerra"[1].

De fato, em fevereiro de 1945, três meses antes da capitulação de uma Alemanha já vencida, a pequena cidade de Pforzheim foi totalmente destruída por um raide de 377 aviões bombardeiros da Força Aérea Real britânica. Oitenta e três por cento das edificações foram demolidas; cerca de 17 mil civis, um terço da população, foram mortos, e outros tantos ficaram feridos.

Em seguida visitei Karlsruhe e Mannheim, cidades completamente devastadas pelos bombardeios americanos, depois Hamburgo, igualmente arrasada, e, em junho de 1945, finalmente cheguei

---

[1] *Morin relatou suas experiências nessa missão em seu primeiro livro, publicado na França em 1946. Ver Edgar Morin, O ano zero da Alemanha, trad. Edgard de Assis Carvalho e Mariza Perassi Bosco, Porto Alegre: Sulina, 2009. [N. T.]*

a Berlim, que percorri de ponta a ponta, em meio às ruínas amontoadas após os ataques aéreos americanos e o intenso fogo de artilharia soviético.

Mais tarde, fiquei sabendo que, nos dias 13 e 14 de fevereiro daquele mesmo ano, 1,3 mil aviões bombardeiros britânicos e americanos haviam aniquilado Dresden, uma cidade artística, desmilitarizada, lançando 2.430 toneladas de bombas incendiárias que, segundo uma estimativa da Cruz Vermelha, causaram mais de 25 mil mortes.

Tudo aquilo causou em mim uma forte impressão, mas o horror do nazismo e de suas abominações nos países ocupados, sobretudo na União Soviética, ocultou de nós, resistentes antinazistas, as hecatombes dos golpes de terror dos Aliados sobre as populações civis, que destruíram cidades inteiras e atingiram muito mais mulheres, crianças e idosos que os combatentes. Isso sem mencionar que, durante os desembarques aliados na Normandia, 60% das mortes de civis normandos decorreram dos bombardeios libertadores.

Só muito mais tarde – após a invasão da Ucrânia – tive consciência da barbárie dos bombardeios aliados realizados contra a barbárie nazista em nome da civilização.

Agora que as gerações que não conheceram a guerra se horrorizam, com justa razão, diante das imagens televisionadas de casas destruídas e civis assassinados na Ucrânia, relembro as destruições e os massacres muito mais massivos cometidos pelos nossos aliados, em especial pelos americanos.

O Tribunal de Nuremberg (1945-46) condenou o hitlerismo e instituiu o conceito juridicamente novo de "crime de guerra".

Tendo permanecido fluida, a noção de crime de guerra (violações do direito internacional humanitário – instaurado por tratado ou direito consuetudinário – cujos autores incorrem em responsabilidade penal pessoal conforme o direito internacional) ganhou uma definição mais precisa por David Van Reybrouck, em seu livro *Revolusi*[2], segundo três critérios de classificação: crimes de guerra ocasionais, estruturais ou sistêmicos.

Crimes de guerra ocasionais são as lesões causadas sob tortura, os assassinatos cometidos por indivíduos ou grupos militares sem instruções do comando.

Crimes de guerra estruturais são os crimes e a violência decididos por oficiais ou generais no comando.

Crimes de guerra sistêmicos fazem parte da estratégia militar de um governo em guerra que, por sua vez, tem prerrogativa de decisão.

Todos esses tipos de crimes são cometidos contra civis ou contra militares desarmados.

Não existe qualquer dúvida de que, durante a Segunda Guerra Mundial, os crimes de guerra

---

[2] *David van Reybrouck*, Revolusi: L'Indonesie et la naissance du monde moderne, *trad. franc. Isabelle Rosselin, Arles: Actes Sud, 2022 [2020].*

perpetrados pela Alemanha nazista contra judeus, ciganos e populações civis tomadas como reféns e fuziladas foram crimes de guerra sistêmicos, estruturais e ocasionais, tendo constituído a maior e principal criminalidade dessa guerra. Entretanto, nada nos impede de pensar, retrospectivamente, que os pesados bombardeios sobre as cidades alemãs e sua população civil, sem que houvesse um objetivo militar preciso, constituem crimes de guerra sistêmicos.

É claro que, por sua natureza racista e despótica, o nazismo foi criminoso – inclusive em relação a seus oponentes e ao próprio povo alemão –, o que não foi o caso das democracias aliadas, embora durante suas conquistas coloniais e repressões contra os colonizados estas tenham cometido o que, *a posteriori*, deve ser necessariamente denominado "crimes de guerra".

Se o nazismo foi julgado e condenado de forma justa no Julgamento de Nuremberg, o mesmo não aconteceu com os crimes do stalinismo, que foram *ipso facto* ocultados, principalmente pelo fato de que um dos advogados de acusação do tribunal era Andrei Vychínski, que já havia sido procurador de justiça nos Julgamentos de Moscou de 1935-37. Com suas falsas acusações de traição e espionagem, Vychínski foi responsável pela condenação de vítimas inocentes não apenas à morte, mas também à humilhação.

A União Soviética foi um regime de mentiras, de *gulags* e de assassinatos, mas também contribuiu imensamente para libertar a Europa do nazismo. Vassili Grossman[3] afirmou com muita razão que a batalha de Stalingrado[4] foi "a maior vitória e a maior derrota da humanidade".

Do mesmo modo que ocultamos a barbárie dos bombardeios americanos, ocultamos a do stalinismo: o horror que descobrimos nos campos de concentração e extermínio de Hitler nos impediu, ou nos fez ignorar, o horror do *gulag* soviético.

Travamos uma guerra contra um sistema ignóbil, mas confesso que estive entre os que acreditaram que os crimes stalinistas eram coisa do passado, que a União Soviética tinha um futuro radiante. Nós, apoiadores fervorosos das vitórias da União Soviética, esquecemos completamente o que havia significado o pacto germano-soviético de 1939[5], que provocou o desmembramento da Polônia.

---

[3] *Vassili Grossman, Vie et Destin, trad. franc. Alexis Berelowitch e Anne Coldefy-Faucard, Lausanne: L' Âge d'Homme, 1980 [1962]. [ed. bras.: Vida e destino, trad. Irineu Franco Perpétuo, Rio de Janeiro: Alfaguara, 2014.]*

[4] *A batalha de Stalingrado (jul. 1942-fev. 1943), a maior e mais sangrenta da Segunda Guerra Mundial, mudou os rumos do conflito com a vitória soviética sobre as tropas alemãs. Cerca de 2 milhões de pessoas morreram durante os combates. [N. T.]*

[5] *Assinado em agosto de 1939, o pacto, mais conhecido como Molotov--Ribbentrop, era um acordo de não agressão entre Alemanha e URSS, e continha um protocolo secreto que dividia a Europa central e Oriental entre as duas potências. Dois anos após a assinatura, Hitler invadiu a União Soviética de surpresa. [N. T.]*

Foram necessários anos, na verdade décadas, para que ficasse claro que, por mais justa que tenha sido a resistência ao nazismo, a guerra do Bem comporta em si também o Mal.

Se houve, acima de tudo, massacres racistas nazistas de milhões de judeus, assim como muitos outros crimes, houve também, a partir de uma altitude de 3 mil metros, a aniquilação indiscriminada de centenas de milhares de civis pelas forças aéreas aliadas.

Atrocidades incomensuráveis foram perpetradas durante a Segunda Guerra Mundial, inclusive pelos Aliados: foram cometidos incontáveis estupros e assassinatos de civis, até mesmo pelo corpo expedicionário do general Juin, na Itália. (Lembro-me de que, após nossa vitória, meu amigo Jules me convidou para acompanhá-lo na aplicação de "golpes duros" em nossa zona de ocupação, o que me recusei a fazer.)

Finalmente, como não recordar o fato de que, recém-libertada da opressão nazista, a França reprimiu de modo sangrento as aspirações de liberdade do povo argelino com os massacres de Sétif[6], que, de maio a junho de 1945, provocaram cerca de 45 mil mortes?!

---

[6] *Em 8 de maio de 1945, quando a Europa comemorava a vitória sobre os nazistas, o governo colonial francês iniciou uma operação por ar e terra contra várias cidades do leste da Argélia, principalmente Sétif e Guelma, redutos da resistência anticolonial. Entre os milhares de argelinos mortos por bombardeios e fuzilamentos, estavam combatentes que haviam defendido a França dos nazistas. [N. T.]*

HISTERIA
DE GUERRA

Gostaria também de evocar a histeria de guerra, especialmente virulenta no conflito de 1914-1918, quando eclodiram ódios aparentemente inexpiáveis entre franceses e alemães; ódios mal resolvidos que não se atenuaram, mas recrudesceram de modo violento durante a Segunda Guerra Mundial. Desde então, felizmente, foram em grande parte dissipados. A histeria de guerra faz parte da própria noção de histeria: a conversão de um sintoma mental ou imaginário em um sintoma da realidade.

A histeria de guerra de 1914-1918 era constituída do ódio ao inimigo e de sua total criminalização, da veracidade de todos os crimes que lhe eram imputados, da justificação e glorificação das conquistas de seus próprios exércitos, da ocultação da realidade atroz da guerra nas trincheiras.

Durante a guerra de 1914-1918, o jornal satírico semanal *Le Canard Enchainé* chamou de "lavagem cerebral" a propaganda de uma realidade falsa que camuflava ou disfarçava a terrível fatualidade, ao oferecer apenas os pontos de vista, os comunicados e os discursos de seu próprio lado, fazendo que o ponto de vista do inimigo fosse totalmente ignorado.

O mesmo não ocorreu quando da ocupação alemã, pois, durante seus cinco anos de duração, recebemos com ceticismo as informações, palavras e imagens da propaganda da ocupação na imprensa nacional francesa. O que aconteceu é que ouvíamos clandestinamente a Rádio Londres[7] e, por isso, podíamos conhecer a veracidade do que realmente se passava.

Mentiras de guerra

A mentira de guerra é um dos aspectos mais odiosos da propaganda de guerra, e a pior das mentiras é atribuir seus próprios crimes ao inimigo.

Em maio de 1941, sob as ordens de Stálin, milhares de oficiais e soldados poloneses foram massacrados em Katyn, na Polônia sob ocupação soviética. Em 1943, os alemães descobriram a vala comum e denunciaram o crime soviético, fato que a União Soviética obstinadamente atribuiu aos nazistas. No outono de 1944, organizei uma exposição intitulada *Os crimes de Hitler*. Na ocasião, a embaixada soviética fez chegar a mim um volumoso documento no qual alguns camponeses, vizinhos de Katyn, atestavam ter visto os alemães realizarem a matança. Foi somente em 1956, numa viagem que fiz por ocasião do Outubro Polonês,

---

[7] *Emissora ligada à Resistência francesa que operou de 1940 a 1944 usando as instalações da BBC, em Londres, para fazer suas notícias chegarem até a França ocupada. [N. T.]*

que meus amigos de Varsóvia me informaram da verdade, ainda não oficial, mais tarde reconhecida pelo governo de Gorbatchov com a publicação da ordem para a carnificina assinada por Stálin.

O mesmo aconteceu com a utilização de armas biológicas durante a Guerra da Coreia, atribuída pela China aos Estados Unidos. As autoridades chinesas convidaram cientistas estrangeiros e mostraram no microscópio o volume de micróbios encontrados. Uma parte da opinião mundial ficou convencida de que aquilo era verdade. Quando a guerra terminou, um amigo meu húngaro, que havia escrito um livro sobre esse crime americano, traduzido em muitos países, soube por meio de seus informantes chineses que era preciso retirar essa acusação.

Na verdade, qualquer guerra, inclusive a atual, favorece a propagação de mentiras de guerra mais ou menos enormes.

A Rússia proferiu mentiras gigantescas, mas a Ucrânia também mentiu quando atribuiu à Rússia a explosão de um míssil em uma cidadezinha polonesa. Se não tiver sido lançado por engano, o míssil, que na verdade era ucraniano, teria como objetivo arrastar os ocidentais diretamente para a guerra. Enquanto isso, as ignomínias do regime de Putin continuam a incidir não só sobre os ucranianos como também sobre os russos.

A espionite

A histeria de guerra suscita a espionite, ou seja, a crença de que nosso lado está infestado de agentes a soldo do inimigo, cujo resultado é uma desconfiança obsessiva que enxerga suspeitos por toda parte.

Por essa razão, durante a invasão alemã de 1940, muitos de nós estavam persuadidos de que a Wehrmacht tinha sido precedida por espiões da "quinta-coluna", que na época infestavam nossas cidades ainda não ocupadas. Certo dia, um bravo morador de Toulouse assegurou-me ter desmascarado cinco traidores e mandado prendê-los, pois eles haviam respondido positivamente a uma pergunta sua: "Eles são fortes, não são?". Quando ele me fez a mesma pergunta, tive a sorte de responder: "Nós é que somos fracos", e ele cordialmente me inocentou.

A criminalização do povo inimigo

A histeria de guerra manifesta-se sobretudo nas irrupções do ódio, o qual transforma o inimigo em criminoso e repreende a responsabilidade coletiva, ou seja, a criminalidade coletiva – não apenas a do exército inimigo como um todo, mesmo no caso de um crime individual ou perpetrado por uma unidade militar específica, mas a do povo inimigo como um todo, julgado culpado pelos crimes de seus dirigentes. Dessa forma, todo o povo alemão acabou sendo considerado culpado pelos crimes nazistas. O próprio ódio à cultura dos povos inimigos foi um dos aspectos mais fortes da guerra empreendida pela Alemanha Nazista. Canções francesas, melodias russas e as artes de países democráticos julgadas decadentes foram proibidas.

Mesmo fazendo parte da Resistência, fui uma das raras pessoas que durante a Segunda Guerra Mundial resistiram à criminalização coletiva do povo alemão. Sempre redigi panfletos clandestinos antinazistas, jamais antialemães ou antiboches[8].

---

[8] *Do francês* boche, *termo ofensivo usado durante a Primeira Guerra Mundial para se referir aos alemães.* [N. T.]

Foram admiráveis as últimas palavras de Jacques Decour, tradutor do escritor alemão Hans Carossa e um comunista ligado à Resistência, ao ser fuzilado pelos nazistas: "Imbecis, é por vocês que eu morro". E as de Jean-Pierre Timbaud, fuzilado em Châteaubriant: "Viva o Partido Comunista Alemão!".

A responsabilidade e, pior ainda, a criminalidade coletivas são características próprias do delírio da histeria de guerra. Vimos uma expressão recente disso nas ações dos jihadistas, que justificam seus assassinatos de mulheres e crianças francesas ao considerá-las responsáveis pelos bombardeios ocidentais contra civis árabes no Oriente Médio.

Infelizmente, uma parte importante das populações submetidas à propaganda de guerra difundida pelos governos oficiais e pela mídia perde toda a lucidez, acredita cegamente nas mentiras mais estapafúrdias e, com isso, deixa-se dominar pelo ódio.

Esse comportamento, aliás, vai muito além da guerra: ele caracteriza o fanatismo em tempos de paz. Foi assim que a fé na União Soviética convenceu comunistas de todos os países de que os ex-líderes do Partido Comunista acusados nos Julgamentos de Moscou, e depois nos de Praga, Budapeste e Sofia, eram traidores e espiões.

O termo "hitleriano-trotskista", tão imbecil quanto abjeto, constituiu uma evidência para milhões de pessoas crédulas, e o assassinato de Trótski foi visto como um ato de justiça.

Na guerra, são principalmente os soldados possuídos pelo ódio ao inimigo que assassinam covardemente um civil pacífico ou que, se forem de alta patente, dão ordens para o assassinato.

Acrescenta-se a isso a embriaguez da conquista de uma cidade ou de um vilarejo, que desencadeia não apenas pilhagens e depredações como também estupros e assassinatos.

Na Alemanha conquistada, os soviéticos praticaram o estupro de modo sistemático e frenético, e muitos – inclusive eu, e lamento por isso – consideraram a onda de estupros um mal inevitável, acreditando que as ignomínias da ocupação pela Wehrmacht e pelas SS eram a causa inelutável dos atos de vingança.

A histeria de guerra multiplica, por conta própria, os crimes de guerra, tais como o bombardeio de cidades sem tropas nem instalações militares, a destruição de prédios civis, sobretudo hospitais e escolas, os bombardeios e o fogo aberto contra a população civil, as crueldades infligidas aos prisioneiros e aos feridos, as execuções de reféns.

A amplitude dos crimes de guerra cometidos na União Soviética pelos *Einsatzgruppen* [esquadrões da morte] da SS e a Wehrmacht é imensa. Mas, volto a dizer, os bombardeios sistemáticos de cidades alemãs, em especial pelas forças aéreas estadunidense e britânica, efetivamente também são, em retrospecto, crimes de guerra.

Há guerras mais criminosas que outras, como foi a guerra da Alemanha nazista contra a União Soviética, ou a invasão da Ucrânia pela Rússia, mas, por sua própria natureza, pela histeria que os governos e a mídia instigam, e pela propaganda unilateral, com frequência mentirosa, toda guerra comporta uma criminalidade que ultrapassa a ação estritamente militar.

Vimos que muçulmanos, ortodoxos e católicos coexistiram pacificamente durante séculos na Bósnia, e que a laicização promovida pelo governo de Tito permitiu muitos casamentos mistos e amizades fraternas. Entretanto, a Guerra da Iugoslávia destruiu irrevogavelmente os fortes laços comuns e suscitou ódios fratricidas!

Em tempos ditos normais, o conhecimento compartimentalizado e descontextualizado já é predominante. A partir do momento em que se dissemina a histeria fanática ou a histeria de guerra, ela se torna soberana e provoca o ódio a qualquer conhecimento complexo, a qualquer contextualização.

No momento em que escrevo este texto, a guerra na Ucrânia é, embora mundializada econômica e politicamente, um ressurgimento ainda local e reduzido de uma nova guerra mundial, que já engloba inúmeros crimes de guerra, não apenas ocasionais como também estruturais, tanto de uma parte quanto de outra, e sistêmicos da parte do invasor.

Atualmente, vemos a espionite se propagar tanto na Rússia quanto na Ucrânia, o que se traduz em prisões – ou coisa muito pior.

Por tudo isso, considero extremamente inquietante o ódio disseminado pela propaganda russa, cujo objetivo é transformar os ucranianos em nazistas, generalizando de modo abusivo o colaboracionismo bastante concreto do movimento independentista ucraniano de Stepan Bandera[9] ao culpar todo o povo ucraniano pelas ignomínias perpetradas durante a ocupação da Ucrânia pela Wehrmacht alemã, principalmente os assassinatos em massa de judeus.

Vimos que o ódio de guerra permite às autoridades russas propagarem o mito da nazificação da Ucrânia; ignoramos, porém, em que medida isso convence as populações russas. Sabemos muito pouco sobre as consequências que o ódio de guerra suscitou na Ucrânia, mas a proibição da literatura russa de Púchkin, Tolstói, Dostoiévski, Tchékhov e até Soljenítsin, bem como da música de compositores russos, é um sinal bastante alarmante do ódio de guerra não apenas contra um povo, mas também contra sua cultura.

---

[9] *Stepan Andriyovych Bandera (1909-1959), político ultranacionalista ucraniano e colaboracionista nazista, considerado hoje um símbolo da extrema direita ucraniana. [N. T.]*

Por outro lado, muitos laços matrimoniais, amorosos e de amizade se estabeleceram entre russos e ucranianos. Eles serão destruídos para sempre? Embora nós, na França, nos conservemos fora da Guerra da Ucrânia, e desejemos permanecer assim, os meios de comunicação franceses fornecem apenas informações de origem ucraniana e, por isso, excluem do noticiário qualquer tipo de contextualização do conflito.

Somos bombardeados por uma propaganda de guerra que nos faz odiar a Rússia e admirar incondicionalmente tudo o que é ucraniano, ocultando qualquer contexto, incluindo o da guerra ininterrupta que desde 2014 ocorre entre a Ucrânia e as províncias russófonas insurgentes, bem como o papel dos Estados Unidos em tudo isso, fato que um dia deveria ser examinado pelos historiadores.

O traço notável da histeria de guerra e das certezas intolerantes que ela suscita na França desde o início da guerra na Ucrânia está no fato de que, seja como for, nós, franceses, continuamos em paz, sem correr qualquer risco mortal, e queremos continuar assim, ao mesmo tempo que somos a favor da guerra até a vitória, desde que seja a dos ucranianos!

A RADICALIZAÇÃO DOS CONFLITOS

Antes de tentar contextualizar historicamente esta nova guerra, que não se parece com nenhuma outra, devo relembrar minha experiência com radicalizações que desencadearam os piores tipos de atrocidades de guerra e terminaram com os mais trágicos resultados.

Durante a Segunda Guerra Mundial, embora a "Solução Final" nazista para os judeus europeus fosse potencialmente genocida e os alemães tenham cometido, a partir da invasão da URSS, massacres em massa de judeus – como o de Babi Yar, na Ucrânia, que provocou mais de 33 mil mortes nos dias 29 e 30 de setembro de 1941 –, a decisão de exterminar todos os judeus do continente europeu foi tomada apenas em janeiro de 1942, após a primeira derrota alemã em Moscou e a entrada dos Estados Unidos na guerra contra a Alemanha (ambas em dezembro de 1941). Pela primeira vez, Hitler percebeu a possibilidade de uma derrota e decidiu eliminar o "risco" de que os judeus saíssem vencedores na guerra.

As deportações em massa de judeus europeus começaram na primavera de 1942, após a construção dos campos de extermínio na Polônia ocupada. A hecatombe perdurou até a libertação dos campos.

Acredita-se, também, que foi a resistência feroz das tropas alemãs em todos os frontes que contribuiu para a intensificação dos bombardeios aéreos das forças aéreas britânica e americana sobre cidades alemãs.

Desde o início da guerra, a Alemanha e os Estados Unidos empenharam-se na fabricação de armas de destruição em massa. A Alemanha foi incapaz de produzir uma bomba nuclear, mas, nos últimos meses da guerra, conseguiu lançar sobre Londres seus foguetes terroristas V1 e V2, sem outros resultados senão mortes e devastação.

Os Estados Unidos empreenderam o Projeto Manhattan, mas só após a vitória sobre a Alemanha conseguiram produzir armas nucleares, que empregaram contra duas grandes cidades japonesas após combates de uma violência inédita em Okinawa.

As dezenas de milhares de vítimas levaram o Japão à capitulação. Apenas Albert Camus foi capaz de compreender à época a terrível importância histórica daquele gigantesco massacre.

A generalização da arma nuclear no mundo foi uma consequência da própria radicalização da Guerra Fria.

Nos tempos que se seguiram, tivemos dois exemplos perfeitos dos desastres provocados pela radicalização de um conflito: a Guerra da Argélia e a Guerra da Iugoslávia.

Foi a recusa histórica da França – inclusive sob o governo da Frente Popular, inclusive após a vitória sobre a Alemanha – de consentir nas aspirações argelinas, expressas de forma moderada por Ferhat

Abbas e de forma independentista por Messali Hadj e seu movimento (dissolvido e reconstituído inúmeras vezes, por último sob a sigla MNA, Movimento Nacional Argelino), que desencadeou, em novembro de 1954, a insurreição do Comitê Revolucionário de Unidade e Ação (Crua). Formado por messalistas dissidentes, posteriormente transformado na Frente de Libertação Nacional (FLN), esse grupo, diante da recusa de Messali em incorporar o MNA à FLN, iniciou uma guerra civil interna bem no meio da Guerra de Independência, liquidando fisicamente os *maquis* messalistas na Argélia e os militantes messalistas na França. Essa primeira radicalização interna reforçou as tendências totalitárias da FLN, que não apenas reivindicava ser a única representante do povo argelino como também resolvia seus desacordos internos por meio da violência, como no caso do assassinato de Abane Ramdane, um de seus mais importantes dirigentes.

As eleições francesas de 1956, que após dois anos de guerra levaram o governo socialista de Guy Mollet ao poder, criaram um clima favorável às negociações com a FLN. Mas, ao contrário do que se esperava, por medo das reações dos *pieds-noirs*[10] e do Exército, Guy Mollet e seu emissário na Argélia, Robert Lacoste, intensificaram a guerra.

---

[10] *Os cidadãos franceses que viviam na Argélia dominada.* [N. T.]

O conflito já incluía atentados indiscriminados e assassinatos perpetrados pela FLN, inclusive contra argelinos messalistas (notadamente durante o Massacre de Meluza, em 1957), além das execuções e torturas sistemáticas praticadas pelo Exército francês e dos raides terroristas durante a Batalha de Argel, em 1957.

A radicalização da guerra provocou, em 1958, o golpe dos generais franceses, a morte da Quarta República e a ascensão do general De Gaulle ao poder. Mas assim que De Gaulle iniciou as negociações com a FLN, houve um segundo golpe para derrubá-lo e instaurar uma ditadura militar na França. A genialidade do general fez o golpe fracassar, mas, como consequências secundárias, ocorreram os ataques da OAS[II] na França, e, posteriormente, o surgimento ameaçador do partido de Jean-Marie Le Pen. A principal consequência foi evitar uma ditadura como a de Franco, na Espanha, e a de Pinochet, no Chile.

As repercussões da radicalização foram trágicas na Argélia, onde se instaurou uma ditadura semitotalitária que, ao se atenuar, propiciou a vitória dos islamistas nas eleições, logo anuladas pela FLN. Isso desencadeou a insurreição islamista da

---

[II] *Sigla em francês para Organização do Exército Secreto, corpo paramilitar clandestino francês de extrema direita que se opunha à independência da Argélia. Entre outras ações terroristas, a OAS realizou o atentado contra Charles de Gaulle, em agosto de 1962. [N. T.]*

Frente Islâmica de Salvação (FIS), que levou a uma guerra civil atroz e ao retorno da ditadura da FLN.

A Guerra da Iugoslávia (1991-1995) durou quase tanto quanto cada uma das guerras mundiais e foi uma tragédia, por seu caráter fratricida e, sobretudo, pelas radicalizações que transformaram vizinhos, amigos e parentes em inimigos, assoberbaram os ultranacionalismos sérvio e croata e estimularam o retorno da influência do poder religioso sobre os muçulmanos bósnios. Mesmo depois da paz forçada, estabelecida após a intervenção americana, os desastres causados por tanto ódio e tantas mortes continuaram, e ainda perduram.

A Iugoslávia agrupava povos eslavos de mesma origem e de mesma língua, mas que um destino histórico multissecular havia separado:

- A Sérvia, que se tornou cristã ortodoxa, viveu sob a dominação do Império Otomano até sua autonomia (1830) e independência (1878);
- A Croácia, que se tornou católica, manteve-se ligada ao Império Austríaco até o fim da Primeira Guerra Mundial;
- A Bósnia e Herzegovina, na qual uma parte dos eslavos se converteu ao islã no período sob domínio otomano, foi conquistada pela Áustria e anexada em 1908. Trata-se de uma província multirreligiosa de maioria muçulmana e fortemente laicizada sob o regime de Tito.

Formada após a Primeira Guerra Mundial, a Iugoslávia foi colocada sob a governança de uma monarquia sérvia.

Não vou me deter nos episódios que levaram ao desmembramento, sob a ocupação alemã, da Iugoslávia e a sua posterior reconstituição sob a tutela do Partido Comunista de Tito. Embora a princípio a Iugoslávia fosse uma federação, na era pós-Tito ela se desintegrou, com a secessão da Eslovênia, que obteve sua independência em 1991, e da Croácia, à qual ela foi negada. Controlado pelos sérvios, o Exército iugoslavo cercou e aniquilou a cidade croata de Vukovar, fazendo a guerra eclodir, em 1991. A Bósnia proclamou sua independência em 1992 e foi invadida pelo Exército sérvio, que manteve a capital, Sarajevo, sitiada durante quatro anos.

A União Europeia poderia e deveria ter evitado ou interrompido essa guerra, mas, secretamente, a Alemanha ajudou a Croácia, e a França, a Sérvia, sua aliada histórica na guerra de 1914-1918. Em quatro anos, uma nação que falava a mesma língua, tinha a mesma seleção de futebol e celebrava numerosos casamentos mistos foi completamente dilacerada. As manifestações de ódio provocaram o extermínio e a deportação em massa das populações civis. Certamente, o massacre mais odioso foi o de Srebrenica, no qual o general sérvio Ratko Mladić mandou assassinar mais de 7 mil moradores da cidade.

A paz imposta tornou as novas nações irreconciliáveis, e a Sérvia, a Croácia, a Eslovênia e a Bósnia – ela mesma dividida entre Bósnia muçulmana e Bósnia sérvia – não conseguiram se comunicar durante muito tempo. Evidentemente, se a guerra tivesse sido impedida desde o início, um desastre histórico como esse não teria sido possível.

Finalmente, como não evocar o conflito Israel-Palestina? É evidente que ele começou com o assentamento e o desenvolvimento de uma colônia sionista em terras árabes; posteriormente, após a divisão da Palestina pela Organização das Nações Unidas (ONU) e a criação do Estado de Israel, uma coalizão dos estados árabes empenhou-se em eliminar o novo país numa guerra que terminou com as vitórias de Israel.

A Guerra dos Seis Dias permitiu que Israel se apoderasse de toda a Palestina, o que provocou as intifadas, sob a forma de insurreições e repressões.

Apesar da extrema radicalização, o conflito Israel-Palestina poderia ter chegado a uma solução em 1993, sob pressão dos Estados Unidos, em função dos Acordos de Oslo, ocasião em que o presidente Clinton levou Yitzhak Rabin e Yasser Arafat a apertar as mãos em Washington, prevendo a formação de um Estado Palestino ao fim de um processo de cinco anos. Mas o assassinato de Rabin por um fanático israelense, em novembro de 1995, ao qual se somaram o crescimento da colonização israelense na Cisjordânia, a repressão dos palestinos, as revoltas e os atentados perpetrados por estes, e, por fim, o abandono da causa palestina pelos países árabes, conduziram à integração total da Cisjordânia a Israel e à perda de toda e qualquer esperança palestina de obter a independência.

Havia, contudo, duas soluções para essa situação: a primeira, a de um Estado único democrático, foi varrida pela proclamação de Israel como Estado judeu; a segunda, a de duas nações associadas, está em vias de exclusão.

Com isso, de 1948 a 2022, a radicalização de um conflito de setenta anos transformou Israel em um Estado hipernacionalista e colonizador que dispersou uma parte dos palestinos em campos de refugiados no Líbano e na Jordânia, reduzindo os que ficaram na Cisjordânia ao destino de um povo colonizado cujo governo colabora com o Estado ocupante.

Todos esses exemplos demonstram por que tenho medo da radicalização da guerra na Ucrânia, cujas consequências planetárias, já bastante consideráveis, podem se tornar gigantescas e até mesmo degenerar numa nova guerra mundial.

Afinal, a radicalização nessa guerra agrava-se incessantemente. O desencadeamento dos ódios do agressor em relação ao agredido, que resiste, e do agredido contra o agressor, já insuflou o hipernacionalismo da Grande Rússia, exacerbou o despotismo de Putin e fomentou na Ucrânia a rejeição da língua russa, língua esta partilhada pelos ucranianos, e, principalmente, a rejeição da cultura russa como um todo.

Em setembro de 2022, Putin redefiniu essa guerra como uma guerra contra o Ocidente. Zelensky, por sua vez, declarou sua recusa absoluta em negociar com Putin, enquanto os Estados Unidos visam não apenas libertar a Ucrânia como também enfraquecer a Rússia de modo duradouro.

Nossa mídia aponta para um único imperialismo, o russo, cujo desejo é reconstituir a Grande Rússia; cala-se, porém, sobre o outro imperialismo, que intervém por todo o globo e, como faz a Rússia na Ucrânia, com frequência transgride as convenções internacionais.

AS
SURPRESAS
DO
INESPERADO

Refletindo sobre o século passado e o nosso até o momento, posso assegurar que todos os principais acontecimentos foram inesperados.

Foi assim em 1914, com a eclosão da Primeira Guerra Mundial, em consequência desencadeada pelo atentado de um fanático sérvio contra o arquiduque da Áustria, em Sarajevo; depois, com a revolução na Rússia tzarista, em outubro de 1917, que conduziu o Partido Bolchevique ao poder; depois, sua vitória na guerra civil e o consequente estabelecimento da União Soviética; foi assim também com a instauração do fascismo na Itália, em 1922; com a crise econômica mundial de 1929; e, depois, com a ascensão legal ao governo alemão de um pequeno partido extremista desenganado por todos, do qual nenhum cientista político havia previsto uma vitória, menos ainda um êxito econômico, considerado impossível, e, finalmente, com a instauração de um regime nacional-socialista totalitário na Alemanha.

Inesperado foi o golpe militar que provocou a Guerra Civil Espanhola, em 1936; inacreditáveis foram os Julgamentos de Moscou, que, de 1935 a 1937, condenaram quase todos os dirigentes da revolução soviética como traidores e espiões; absurdos foram os cultos ao *Duce*, ao *Führer* e a Stálin, o Pai dos Povos, líderes que suscitaram fervores inconcebíveis.

Inconcebível, também, foi o pacto germano--soviético de 1939, concluído entre dois inimigos mortais, assim como foi inimaginável para Stálin a posterior invasão da União Soviética por seu amigo Hitler, em 1941.

Antes disso, houve fatos como a repentina ocupação da França através da Bélgica e das Ardenas; as decisões equivocadas do general Gamelin, chefe dos exércitos franceses; a desconcertante derrota que levou à ruína da Terceira República e à instauração do regime reacionário de Vichy. Tudo isso era impensável antes de 10 de maio de 1940, dia do ataque alemão.

Em 1941, no momento em que a dominação alemã sobre a Europa dava a impressão de ser duradoura e a vitória germânica sobre a União Soviética parecia concebível, dois acontecimentos imprevisíveis se produziram quase ao mesmo tempo e inverteram as probabilidades: a ofensiva do então general Júkov no início de dezembro – a primeira vitória soviética, após tantas derrotas, aliviando a pressão sobre Moscou, sitiada pelos alemães – e o inesperado ataque japonês a Pearl Harbour, que levou os Estados Unidos a entrar definitivamente na guerra.

Se a derrota alemã se tornava cada vez mais provável após a Batalha de Stalingrado (1942-43) e o desembarque dos Aliados na Normandia (junho de 1944), ela foi retardada por agitações surpreendentes, como o fracasso do atentado do coronel Von Stauffenberg contra Hitler (julho de 1944) e o ataque às Ardenas liderado pelo marechal Von Rundstedt (inverno de 1944-45).

Imprevista foi a bomba atômica e sua utilização, em 1945, que aniquilou as cidades de Hiroshima e Nagasaki.

Se a Guerra Fria era previsível, após a União Soviética ter tomado o controle das nações que libertara do nazismo para submetê-las ao stalinismo, ela viveu momentos inesperados, como o Bloqueio de Berlim[12] (1948-49) e a Crise dos Mísseis de Cuba[13] (outubro de 1962), que testemunhei de um leito de hospital em Nova York.

Imprevisível foi o relatório Khruschov, que, em 1956, denunciou os crimes de Stálin, assim como foram imprevisíveis a revolta polonesa de outubro e a Revolução Húngara, e depois a cruel repressão desta sob o comando do próprio Khruschov.

Em 1989, a liberalização da União Soviética, sob a liderança de seu dirigente, Gorbatchov, foi inesperada,

---

[12]*Em junho de 1948, a União Soviética interrompeu o acesso terrestre e fluvial de pessoas e cargas e cortou a energia elétrica dos setores de Berlim controlados pelas potências ocidentais. Estas então supriram a população por via aérea. O bloqueio terminou em maio de 1949, com a criação de dois Estados alemães independentes, cada qual controlando uma metade de Berlim: a República Federal da Alemanha (Alemanha Ocidental) e a República Democrática Alemã (Alemanha Oriental). [N. T].*

[13]*Crise diplomática entre Estados Unidos e União Soviética que se estendeu de 4 a 28 de outubro de 1962, após o governo cubano permitir que os soviéticos instalassem em seu território mísseis nucleares apontados para o território americano. [N. T.]*

assim como seu fracasso econômico e o colapso da própria União Soviética.

Ao examinar a lista de imprevistos, encontraremos os terroristas islâmicos da Al-Qaeda, que foram ajudados pelos Estados Unidos contra a União Soviética no Afeganistão e, posteriormente, executaram o mais espantoso atentado da história, em 2001: a destruição das torres gêmeas do World Trade Center, em Nova York. Houve, depois, a irrupção mundial do califado islâmico, provocando agressões inesperadas, dentre as quais se destaca, na França, o massacre de Nice, em 2016.

Isso sem esquecer a descoberta imprevista da degradação da biosfera, anunciada pelo Relatório Meadows em 1972, sob o efeito da expansão tecnoeconômica no planeta. A consciência da tragédia ecológica global foi reprimida por muito tempo, tendo sido preciso um alerta climático, durante o verão de 2022, para que ela despertasse um pouco.

Finalmente, em 2020, tivemos a enorme estupefação causada pela pandemia de covid-19, provocando uma crise político-econômico-existencial inesperada para toda a humanidade.

Durante esse longo período de oitenta anos, pude verificar a pertinência do que denominei ecologia da ação: toda ação entra em um circuito de interações e de retroações que podem modificar o sentido da ação e até mesmo invertê-lo, fazendo-a recair sobre a cabeça de seu próprio autor.

Em todos esses anos, quantas das decisões que testemunhei se voltaram contra seus próprios autores – como a resolução francesa de não intervir na Guerra Civil Espanhola, o Acordo de Munique, a declaração de guerra contra a Alemanha em 1939 (sem contudo atacar o inimigo), a escolha de Hitler de invadir a União Soviética, que culminou em sua derrota e seu suicídio; a *perestroika* reformista de Gorbatchov, que levou à decomposição da União Soviética, até a determinação de Vladimir Putin de conquistar e subjugar a Ucrânia!

Erro e ilusão

Com muita frequência, o erro e a ilusão prevaleceram nas mentes de governantes e governados. Entre 1930 e 1940, houve uma década de sonambulismo coletivo, quando era impossível acreditar na ocupação da França e numa Segunda Guerra Mundial.

Durante os chamados Trinta Gloriosos, os trinta anos de desenvolvimento econômico rumo a uma sociedade de consumo, era impensável considerar que as próprias bases de nossa civilização seriam abaladas e que o desenvolvimento tecnoeconômico conduziria não apenas ao subdesenvolvimento ético-político como também a gigantescas crises planetárias.

Detectada já nos anos 1970 pelos pioneiros científicos da ecologia, a degradação da biosfera, que engloba a antroposfera, foi simultaneamente ignorada e ocultada; e a consciência ecológica, reprimida durante meio século, continua insuficiente.

A certeza de políticos e economistas de que o neoliberalismo seria o produtor de um crescimento contínuo era ilusória; a pandemia mundial, que provocou uma crise planetária gigantesca e multidimensional, foi mal compreendida pelo pensamento reinante, mecanicista e linear, que se mostra incapaz de conceber a complexidade dos fenômenos.

Enquanto nos felicitamos por ter conseguido chegar à sociedade do conhecimento, estamos mergulhados numa cegueira que, quanto mais acredita possuir os meios adequados do saber, mais aumenta.

Essa cegueira ignora que uma nova era começou em 1945, com a ameaça de morte da humanidade, que cresce incessantemente com a proliferação e a sofisticação das armas nucleares e com sua possível utilização, caso a escalada continue a agravar e a amplificar a guerra da Ucrânia.

Entramos na crise da humanidade sem sequer ter conseguido alcançar a Humanidade; não vemos o todo; o que vemos, no máximo, são alguns fragmentos do grande problema.

Foi nessas condições que sobreveio a invasão da Ucrânia pela Rússia, na qual não só se reproduzem os horrores e os crimes das guerras anteriores, entre eles os da Segunda Guerra Mundial, como continua ausente a consciência do inesperado, do imprevisível, do erro e da ilusão, que jamais cessaram de nos transformar em joguetes inconscientes da história; uma invasão em que também surgem novos horrores, novos erros, novas ilusões, novas surpresas e novos inesperados.

É possível compreender agora minha intenção ao relembrar as guerras que testemunhei. Isso porque toda guerra traz em si uma criminalidade, maior ou menor, de acordo com a natureza dos combatentes. Ela comporta maniqueísmo, propaganda unilateral, histeria belicosa, espionite, mentiras, fabricação de armas cada vez mais letais, erros e ilusões, imprevistos e surpresas... e me parece essencial que estas considerações estejam presentes em nosso olhar sobre a guerra atual: a guerra da Ucrânia não foge às lógicas de qualquer guerra travada entre adversários resolutos e obstinados.

No momento atual, cabe a nós conceber tanto o que é simples – a invasão da Ucrânia pela Rússia, a oposição entre a democracia ocidental e o despotismo russo – quanto o que é complexo – o contexto histórico e geopolítico.

Contextualização

Não se pode isolar a guerra entre invasor e invadido – entre a Rússia e a Ucrânia – de seus antecedentes e de seus contextos históricos e geopolíticos, menos ainda das relações entre Estados Unidos e Rússia.

Os Estados Unidos são uma potência democrática desde seu nascimento, e a Rússia, uma potência despótica desde a Moscóvia, com um parêntese gorbatchoviano e uma relativa liberdade nos primeiros anos de Putin, que foi progressivamente reduzida ao extremo.

Uma perspectiva histórica mais completa demonstra que Estados Unidos e Rússia têm em comum um processo de colonização, não em terras distantes como fizeram portugueses, espanhóis, ingleses, franceses e holandeses, mas por meio da extensão de seu território em continuidade no próprio continente – os Estados Unidos, até o Pacífico Ocidental; a Rússia, até o Pacífico Oriental. Com toda a brutalidade que o colonialismo implica, a Rússia apoderou-se de terras cada vez mais a leste, primeiro das regiões tártaras e turcas, depois, da Sibéria inteira, submetendo os povos siberianos à servidão.

Os Estados Unidos, por sua vez, em sua "Marcha para o Oeste", usurparam as terras indígenas em seu continente e conquistaram as colônias espanholas que existiam ali, dentre as quais a Califórnia. Começaram sua expansão além-mar arrancando as Filipinas, Porto Rico e Guam da Espanha, e, ao fazer de Cuba um país independente, transformaram-na em sua dependência.

Os muito democráticos Estados Unidos exterminaram os povos originários, dos quais não restaram senão alguns pequenos grupos étnicos isolados (em reservas); até 1865 (fim da Guerra Civil Americana), praticaram a escravidão massiva de pessoas negras e, até os dias de hoje, mantêm os afro-americanos numa condição social inferior, vítimas de violências, de assassinatos, da guetização e do desprezo. A mesma visão complexa nos mostra que os mui democráticos Estados Unidos dispõem de uma Constituição exemplar, garantem as liberdades civis, ajudaram a libertar a Europa por duas vezes, conseguiram conter o expansionismo soviético, o comunismo norte-coreano e o chinês; mas revela igualmente suas intervenções em golpes de Estado na Guatemala, no Chile e na Argentina, em total apoio às ditaduras, à sujeição econômica e à subordinação política dos países latino-americanos. Essa visão nos faz recordar também que os exércitos americanos devastaram o Vietnã, invadiram o Iraque duas vezes – a primeira para libertar o

Kuwait, que havia sido ocupado pelos iraquianos, a segunda sob o falso pretexto de que o país possuía armas de destruição em massa.

Uma perspectiva complexa demonstra igualmente que a despótica Rússia tzarista, que manteve a servidão em seu meio até 1861, não praticou nem o extermínio dos povos originários conquistados na Sibéria nem a escravidão, mas jamais estabeleceu nem a democracia nem as liberdades civis.

A União Soviética não apenas manteve a Polônia, a Tchecoslováquia, a Romênia e a Bulgária sob forte protetorado como também estabeleceu bases políticas e militares em vários continentes, além da presença em Cuba, vizinha aos Estados Unidos, e de relações privilegiadas com o Vietnã e a China – apesar de uma interrupção de algumas décadas.

Foi durante a era Gorbatchov que os protetorados do Leste Europeu se emanciparam, bem como os países bálticos (1991); sob o governo de Boris Iéltsin, cujo desejo era restabelecer uma nação russa independente, grande parte do império soviético se desmantelou, e a Ucrânia, a Bielorrússia, a Armênia, o Azerbaijão, a Geórgia, o Cazaquistão, o Tadjiquistão, o Turcomenistão, o Uzbequistão e o Quirguistão se tornaram independentes.

Embora a União Soviética tenha desaparecido, a Rússia voltou a ser uma potência imperial e dispõe de bases políticas, econômicas e até militares em muitos países.

Os Estados Unidos, por sua vez, possuem bases por todo o planeta e controlam, direta ou indiretamente, as nações ocidentais e algumas nações asiáticas e africanas: eles continuam a deter a superioridade técnica e econômica no mundo, mas enfrentam a concorrência da China e o retorno do poderio da Rússia.

A dialética das relações Estados Unidos-Rússia

Mikhail Gorbatchov, esse herói da humanidade, que fez cessar a Guerra Fria em nome da "casa comum" que é a Terra para todos os seres humanos, foi responsável pela ruptura do sistema totalitário, mas fracassou no âmbito econômico e teve que enfrentar a dissolução da União Soviética por iniciativa de Boris Iéltsin. Ao aceitar a reunificação da Alemanha, Gorbatchov obteve a promessa – apenas verbal – do presidente George Bush de que os Estados Unidos não ampliariam a Organização do Tratado do Atlântico Norte (Otan).

De fato, nos anos 1990, instaurou-se uma dialética infernal na qual cada um dos parceiros se sentiu ameaçado e agiu para ameaçar. As ocasiões para evitar a rivalidade e encontrar vias de cooperação foram descartadas pelos Estados Unidos. A atitude dos Estados Unidos em relação à Rússia, apesar de alguns entreatos, sofreu ainda fortes críticas internas por parte de Henry Kissinger e George Kennan.

De um lado, as duas guerras particularmente violentas que a Rússia perpetrou na Chechênia[14] para conservar o domínio sobre esse território caucasiano incentivaram países que antes foram democracias populares (Polônia, Hungria e República Tcheca) a solicitar e obter sua admissão na Otan. A ampliação da Otan em direção à fronteira da Rússia, bem como as bases estadunidenses no Alasca e em antigas repúblicas soviéticas na Ásia Central, durante a guerra no Afeganistão, constituíram um "cerco" interpretado pelas autoridades russas como uma ameaça.

As intervenções militares russas na Geórgia[15], em 2008, já haviam suscitado temores sobre o futuro da Ucrânia.

Por outro lado, na Guerra do Kosovo, em 1999, os bombardeios americanos contra a Sérvia, país

---

[14] *Sucessor de Boris Iéltsin, Putin não hesitou em pôr em ação uma guerra (de 1999 a 2009) e repressão (exacerbada pelos ataques chechenos a Moscou) contra uma Chechênia de novo em revolta, que acabou sendo reintegrada à Federação Russa como uma república autônoma.*

[15] *Sem conseguir se reapoderar de todo o Cáucaso, em 2008 a Rússia atacou a Geórgia e arrancou dela a Ossétia do Sul e a Abecásia, mas não pôde tomar o controle do país. A partir de então, a Rússia tem bases suficientes para controlar o Cáucaso, inclusive por meio do conflito permanente entre a Armênia cristã e o Azerbaijão muçulmano.*

vizinho e amigo da Rússia, intensificaram suas inquietudes em relação aos Estados Unidos.

A ofensiva "preventiva" dos Estados Unidos contra o Iraque, em 2003, foi tão contrária ao direito internacional quanto a invasão da Ucrânia pela Rússia, e provocou críticas de Putin; posteriormente, no entanto, a intervenção militar da Rússia na Síria, de uma violência extrema, simultaneamente salvou o déspota Bashar al-Assad, exterminou os que resistiam à sua tirania, aniquilou o Estado Islâmico e reintegrou o Oriente Médio à rivalidade Estados Unidos-Rússia.

No que diz respeito aos países eslavos, a partir de 1997 foi constituída uma união Rússia-Bielorrússia; ainda que sem a integração dos dois países, os governos bielorrussos permaneceram invariavelmente pró-russos, a despeito das grandes manifestações que aconteceram entre 2020 e 2021, brutalmente reprimidas.

Desde o fim do século XX, e durante as duas primeiras décadas do século atual, a posição ucraniana tornou-se oscilante e incerta, passando por eleições com resultados frequentemente pró-ocidentais e por vezes pró-russos. Em vista da situação geopolítica e da importância econômica da Ucrânia, ela seria uma conquista muito importante tanto para a Rússia, da qual seria simultaneamente um escudo, quanto para os Estados Unidos, aos quais conferiram uma influência no próprio flanco do adversário.

Foi nesse contexto que aconteceu a revolução pró-ocidental de Maidan, que imediatamente levou à secessão pró-Rússia de uma parte do Donbass, à anexação da Crimeia pela Rússia e a uma guerra interna permanente entre as províncias separatistas no leste e o governo ucraniano.

UCRÂNIA

A Ucrânia é uma nação com a mesma origem da Rússia, mas que historicamente foi dividida entre a Polônia e o Império Austríaco, tendo, depois, grande parte de seu território integrado à Rússia tzarista. Conservou sua própria língua, semelhante à russa, e no século XIX, como aconteceu em outras nações subjugadas, os intelectuais criaram uma corrente independentista.

Durante as agitações e guerras que se seguiram à Revolução de Outubro de 1917, a Ucrânia, sob a liderança do anarquista Nestor Ivánovitch Makhno, proclamou sua independência, mas foi conquistada pelos bolcheviques e incorporada à União Soviética.

A União Soviética permitiu que o povo ucraniano se expressasse em sua própria língua e em seu folclore, mas reprimiu qualquer tentativa de autonomia. A rica terra da Ucrânia foi a principal vítima da colcozificação[16] forçada, da deportação em massa dos cúlaques[17] e, sobretudo, da gigantesca fome de 1931. É daí que vem o enorme ressentimento ucraniano em relação à Rússia, o que explica os aplausos, filmados pelos nazistas, de

---

[16]*Na União Soviética, os colcozes eram grandes extensões de terras de propriedade estatal, cedidas para usufruto dos camponeses organizados em sistema de cooperativas de trabalho coletivo. [N. T.]*

[17]*Cúlaques eram os donos de fazendas do antigo Império Russo que usavam trabalho assalariado na produção agrícola. Em sua política de coletivização das terras, Stálin travou uma guerra contra os cúlaques que gerou revoltas armadas em resposta. Milhões deles acabaram expulsos de suas terras, e dezenas de milhares foram presos e executados. [N. T.]*

uma parte da população de Kiev perante a chegada da Wehrmacht.

O mais grave, porém, foi que, sob a liderança de Stepan Bandera e exilado na Alemanha, o movimento de independência ucraniano se integrou ao poder nazista e, posteriormente, cooperou com a Wehrmacht na invasão e ocupação da Ucrânia. Sob as ordens dos nazistas, esse movimento criou uma administração que participou dos excessos de brutalidade do ocupante, inclusive do massacre dos judeus. Após a libertação da Ucrânia dos nazistas, o escritor e jornalista Vassili Grossman expressou sua dor ao saber que sua mãe tinha sido assassinada por ucranianos. Como relatado por Arno Klarsfeld, o lema dos nacionalistas ucranianos colaboradores dos nazistas de Bandera, exibido nas ruas de Kiev, em 1941, era: "Seus inimigos são a Rússia, a Polônia e os *yupins*[18]. Em 1941, já sob a ocupação da Wehrmacht, Bandera chegou até a proclamar uma "República Ucraniana Independente". Houve engajamentos de militares ucranianos na Legião Ucraniana; o Exército Insurgente Ucraniano (UPA) continuou a combater o Exército Vermelho mesmo após a guerra, até ser aniquilado, em 1954. Em contrapartida, é preciso reconhecer que milhares de ucranianos se alistaram como guerrilheiros contra o ocupante alemão.

---

[18] *Gíria francesa pejorativa para se referir aos judeus.* [N.E.]

Diante disso, é possível compreender que os voluntários estrangeiros que se alistaram pela Ucrânia, em 2022, sejam de dois tipos: um animado pelo ideal democrático, o outro, pelo ideal fascista.

Desde 1991, após a dissolução da União Soviética, a Ucrânia é um país independente, sendo uma nação extremamente rica em terras de cultivo de grãos, em recursos minerais e industriais. A partir do século XIX, a Rússia tzarista se industrializou. No século XX, a União Soviética instalou sua indústria pesada e suas centrais nucleares no Donbass, povoando a região de operários, deportados e engenheiros russos. A Ucrânia independente beneficiou-se dessa herança russa e, com isso, empreendeu seu desenvolvimento tecnoeconômico.

Se, movida pelo desejo de apropriação, a Rússia é o agressor evidente, e se seu comportamento é particularmente destrutivo para pessoas, bens e edifícios, os Estados Unidos, por sua vez, têm desde as manifestações da praça Maidan inspirado a política ucraniana e marcado presença em sua economia, ao mesmo tempo que fornecem uma ajuda preciosa com seu sistema de informações e de inteligência.

Com sua situação geopolítica estratégica, próxima da Rússia, e seu patrimônio econômico, a Ucrânia é uma presa importante tanto para a Rússia de Putin, cujo sonho é reconstituir o Império Eslavo, quanto para os Estados Unidos, que desse modo instalariam a Otan nas fronteiras ocidentais da

Rússia. De fato, a Ucrânia é a aposta em jogo entre duas vontades imperialistas – uma que deseja salvaguardar sua dominação sobre o mundo eslavo e se proteger de ter uma nação vizinha sob a influência dos Estados Unidos, outra que quer integrar a Ucrânia ao Ocidente e privar a Rússia de seu título de superpotência mundial. Ao enfraquecer a Rússia de modo duradouro por meio da interposição da Ucrânia, os Estados Unidos eliminariam ao menos um dos obstáculos à manutenção de sua hegemonia global, sendo o outro a China.

A Ucrânia independente evoluiu bastante. Ela se urbanizou, e seus costumes se ocidentalizaram. A popularidade do antijudaísmo se atenuou, talvez para dar espaço ao sentimento antirrusso.

O nacional-socialismo ucraniano constitui uma minoria. Na Ucrânia, a ideologia de Bandera é certamente exaltada, mas como um independentismo em relação à Rússia, não como o colaboracionismo dos tempos da ocupação alemã.

Assim como na Rússia, a desnacionalização generalizada da economia na Ucrânia beneficiou uma casta de oligarcas, e a corrupção se alastrou por toda parte.

Desde sua independência, a Ucrânia passou por uma alternância de governos pró-russos e pró-ocidentais, e, em 2005, vivenciou uma primeira revolução "laranja", democrática e pró-ocidental. Posteriormente, em meio a uma sequência de fraudes em eleições, a Ucrânia considerou uma associação com a União Europeia, mas renunciou à ideia em 2013, sob pressão russa.

Na realidade, o que está por trás da sucessão de presidentes pró-russos e pró-ocidentais é um conflito crucial que se articula não apenas entre a democracia ocidentalizada e o despotismo russo, mas também entre o imperialismo americano e o imperialismo russo.

Em 2014, a revolução democrática pró-ocidental na praça Maidan, em Kiev, derrubou o presidente pró-russo Víktor Yanukóvitch e reforçou a tendência da Ucrânia de se libertar da tutela russa, mas desencadeou a secessão das regiões russófonas do Donbass e a anexação da Crimeia pela Rússia. Em 2015, os Acordos de Minsk, entre Rússia e Ucrânia, com o respaldo dos principais países ocidentais, não conseguiram pôr fim à guerra entre as tropas ucranianas e as forças separatistas armadas e patrocinadas pela Rússia. Os Acordos de Minsk não foram respeitados nem pela Ucrânia nem pela Rússia, e a guerra continuou no fronte do Donbass, provocando 14 mil mortes até 2022. Essa guerra ininterrupta constituiu-se num verdadeiro abscesso purulento que espalhou sua infecção.

Por isso, como anunciei num artigo de 2014, era previsível que tudo conduzisse a uma situação explosiva.

Em 20 de setembro de 2019, o candidato antipartidos Volodymyr Zelensky, mesmo que sabidamente judeu, foi eleito presidente da Ucrânia, não apenas por sua popularidade como artista de televisão, mas sobretudo por sua hostilidade aos partidos e seu programa contra a corrupção.

Os eventos de Maidan foram um despertar democrático, mas mesmo ali o banderismo foi exaltado. Como relembra mais uma vez Arno Klarsfeld:

> Após a revolução de 2014, uma das primeiras medidas da prefeitura de Kiev foi trocar o nome da longa avenida Moscou, que conduz a Babi Yar, e rebatizá-la como avenida Stepan Bandera, o homem cujos seguidores colaboraram com os nazistas no extermínio de mais de 30 mil homens, mulheres e crianças judeus na ravina de Babi Yar, nos dias 29 e 30 de setembro de 1941, quando as tropas alemãs, acompanhadas pelos *Einsatzgruppen*, entraram em Kiev.
>
> O Tribunal Administrativo Distrital de Kiev ordenou que a prefeitura anulasse a mudança de nome de duas vias principais, trocados para Stepan Bandera e Roman Shukhévitch, este último um exterminador de judeus que, aliás, já tem seu nome em um estádio na grande cidade de Ternopil. Mas Vitáli Klitschko, então prefeito de Kiev, recorreu da decisão, e o Tribunal de Apelação decidiu em seu favor. Em 2021, durante um evento aprovado pela cidade de Lviv, centenas de homens marcharam vestindo uniformes

dos colaboracionistas ucranianos da SS. Nos últimos anos, ao menos três municípios ucranianos inauguraram estátuas do número dois de Bandera, Yaroslav Stetsko, que durante o Holocausto aprovava "o extermínio dos judeus"[19].

Devo acrescentar que subsiste uma minoria ativa de nacional-socialistas ucranianos, incluindo o comando do Regimento Azov, que se destacou na guerra civil no Donbass e, posteriormente, na épica defesa da siderúrgica Azovstal, em Mariupol.

Em sua guerra, o governo ucraniano usa tudo que encontra a seu alcance, inclusive os serviços desses inimigos ferrenhos da Rússia, mas não pode ser identificado com eles.

Ainda resta certa complacência com os adeptos da ideologia de Bandera e, sobretudo, uma histeria hipernacionalista antirrussa que proibiu a língua, a literatura e a música russas – o ódio à cultura dos povos inimigos também foi uma das características da histeria de guerra da Alemanha.

A Ucrânia constitui uma presa geopolítica e econômica disputada por dois titãs, em razão de suas consideráveis riquezas, principalmente as industriais e minerais, no Donbass, e a energética,

---

[19] Arno Klarsfeld, "*L'Ukraine ne doit plus glorifier les nationalistes qui ont collaboré*", Le Point, *Paris, 11 set. 2022.*

produzida nas gigantescas usinas nucleares construídas pela União Soviética,

A partir de 2014, a Ucrânia se rearmou, beneficiando-se da ajuda técnica e informática dos Estados Unidos, além dos armamentos e do treinamento por eles fornecidos. Com isso, é também crescente a influência dos Estados Unidos sobre a Ucrânia, não apenas como país fornecedor de subsídios e armas mas também como controlador dos serviços de informação e inteligência e do poder econômico, em particular de parte das terras férteis do chernossolo[20]. A ajuda econômica e militar fornecida faz aumentar o controle dos Estados Unidos, o que torna a Ucrânia cada vez mais dependente da potência que apoia sua independência.

É de supor que, sob a influência dos Estados Unidos, cujo objetivo declarado é "enfraquecer a Rússia de modo duradouro", o presidente Zelensky, que a princípio reconheceu que a única solução para o conflito era diplomática, torna-se cada vez mais intransigente e enxerga a "vitória" como única solução.

Uma vez considerada sua complexidade, é evidente que a Ucrânia deve ser apoiada em sua independência e soberania nacional.

---

[20] *O chernossolo é um solo escuro muito fértil, encontrado principalmente na Argentina e na Ucrânia, no qual se cultiva principalmente o trigo. [N. T.]*

Enquanto Putin a enxergava como uma nação dividida e enfraquecida, tendo à frente um artista de televisão que virou presidente, a Ucrânia se fortaleceu. Para Putin, a dualidade de sua composição étnica fazia da Ucrânia uma entidade frágil. Ele também acreditava que os Estados Unidos, após a recente retirada do Afeganistão, não podiam conceber uma nova aventura militar em lugar tão distante, ainda mais depois que o presidente Biden declarou oficialmente que, em caso de guerra, os Estados Unidos não fariam nenhuma intervenção na Ucrânia. É quase certo que essa declaração contribuiu para a decisão de Putin de invadir a Ucrânia. É de se perguntar se, quando fez essa declaração, Biden tinha consciência disso.

Em resumo: se a Rússia de Putin é a perpetradora dessa guerra, isso foi consequência de um processo de radicalização recíproca. Putin percebeu as nações da União Europeia divididas e imaginou que elas estavam enfraquecidas, isso por causa de seus costumes "afeminados", algo que seu virilismo despreza. Além do mais, a partir de 2014, depois de anexar a Crimeia, uma península tártara russificada, Putin começou a armar as "repúblicas" secessionistas do leste da Ucrânia e, em 2022, lançou sua ofensiva, certo de conseguir decapitar o poder executivo daquele país e obter a rendição de suas tropas.

A extrema brutalidade da invasão da Ucrânia semeou no norte da Europa o temor de uma hegemonia russa, o que incitou a Finlândia e a Suécia a ingressarem na Otan, e a presidente da Comunidade Europeia, Ursula von der Leyen, a dar total apoio às demandas do presidente Zelensky, abrindo as portas para a ajuda econômica e militar das nações europeias, incondicionalmente alinhadas ao presidente ucraniano, e a adoção de sanções contra a Rússia.

A guerra

Há três guerras em uma: a continuação da guerra interna entre o governo ucraniano e as províncias separatistas, a guerra russo-ucraniana e uma guerra político-econômica internacionalizada do Ocidente contra a Rússia, liderada pelos Estados Unidos.

Por uma vez, o previsível se realizou: desde 2014, fui um dos que viram o perfilar de uma catástrofe. Desde o final de 2019, os serviços de inteligência dos Estados Unidos haviam sinalizado que as concentrações de tropas na fronteira ucraniana prenunciavam uma ofensiva. Para Putin, porém, o desenrolar dessa guerra foi imprevisível, e os desenvolvimentos internos e internacionais dela continuam inesperados para todos, exceto na certeza do enorme perigo e do medo que provocam.

Em lugar de desencadear um processo desintegrador, a invasão russa fomentou um processo integrador em meio à resistência ao invasor. Como acontece com frequência na história, o inimigo fortalece a identidade de uma nação. O ódio ao inimigo é o cimento da unidade nacional. Graças à invasão, a unidade ucraniana se consolidou dali em diante por meio do patriotismo; em lugar de acentuar as divisões do Ocidente, a invasão russa fez que, por um tempo, elas desaparecessem.

Em vez de ser apenas uma operação militar localizada, a invasão russa desencadeou uma guerra econômico-política internacional.

O conflito russo-ucraniano transformou-se num confronto plenamente aberto entre a Rússia e o Ocidente.

É evidente que, ao lançar sua ofensiva contra a capital ucraniana, Putin imaginou que destruiria o poder central, fosse para instalar ali um governo fantoche, fosse para anexar o país. Se a questão fosse, como diz a tese russa, neutralizar a preparação de um ataque ucraniano sobre a região separatista, Putin teria se limitado a enviar suas forças para lá. É óbvio, porém, que seu objetivo inicial era anexionista, a conquista total da Ucrânia, ao atingir diretamente seu centro nervoso, Kiev. Não menos evidente, contudo, foi o fato de, após o fracasso em Kiev, Putin dirigir sua ofensiva para o Donbass e o sul marítimo, tomando Kherson com facilidade, Mikolaiv com maior crueldade, e visando a Odessa. Mas o imprevisto aconteceu, com as contraofensivas ucranianas que libertaram a região de Kharkiv, retomaram territórios no fronte do Donbass e libertaram Kherson.

A situação continua incerta, mas é improvável que a Rússia consiga ocupar toda a Ucrânia ou que a Ucrânia possa invadir a Rússia.

É impossível avaliar em que medida as sanções atingem a economia e a vida russas. Elas podem paralisar certas atividades e estimular outras. De qualquer modo, essas sanções implicam uma contrapartida, pois privam do fornecimento de petróleo e de gás os que impõem as sanções, obrigando-os a impor restrições econômicas em seus próprios países. Na verdade, as sanções recaem de modo parcial, mas duro, contra o que impõem as sanções e total sobre a África e os países pobres que dependem simultaneamente do Oriente e do Ocidente.

No momento em que escrevo este texto (início de novembro de 2022), é impossível saber se grandes operações militares ocorrerão antes ou até mesmo durante o inverno; tampouco em que medida a entrada do contingente russo mobilizado reforçará o Exército russo na guerra; nem mesmo até que ponto a chegada de armas ocidentais cada vez mais sofisticadas fortalecerá o Exército ucraniano.

Constata-se com crescente inquietude a contínua escalada da guerra, incluindo fatos como a explosão do gasoduto Nord Stream, dificilmente imputável aos russos, o ataque de *drones* à frota russa em Sebastopol, as represálias russas, com a destruição de infraestruturas energéticas, a estranha explosão em uma cidadezinha polonesa de fronteira, o aumento da violência verbal, o aumento da criminalização do inimigo, o aumento da histeria de guerra.

Existe alguma chance de a intensificação da guerra internacional no interior da Ucrânia ultrapassar as fronteiras do país, extravasando para a Europa e até mesmo para além dela?

O perigo nuclear pode ser estimado de diversas formas, ou mesmo ser considerado mínimo, mas não pode ser excluído; a verdade é que entramos numa conjuntura mundial muito grave.

Uma nova crise mundial se abriu, e ela comporta o bloqueio de matérias-primas e de produtos cerealíferos, a crescente escassez de todo tipo de produto, inclusive alimentícios, e a inflação, de modo a favorecer por toda parte a crise das democracias e a generalização de regimes neoautoritários e de sociedades de submissão.

O tempo e o espaço da dominação americana, e de modo mais amplo ocidental, encolheram. Rússia e China formam um bloco em relação aos Estados Unidos. A Ásia, a África e a América Latina se mantêm numa prudente neutralidade.

PELA PAZ

É espantoso que, numa conjuntura tão ameaçadora, cujo perigo não para de crescer, tão poucas vozes se ergam em favor da paz nas nações mais expostas, sobretudo as europeias. É surpreendente ver tão pouca consciência e tão pouca vontade na Europa, especialmente em imaginar e promover uma política de paz.

Falar de um cessar-fogo, de negociações, é denunciado como uma capitulação ignominiosa pelos beligerantes, que encorajam a mesma guerra que a todo custo querem evitar em sua própria casa.

Conscientes da cegueira, do ódio e das mentiras que nos conduzem ao abismo, algumas vozes se manifestaram recentemente, entre elas a de Andrea Riccardi, porta-voz da Comunidade de Santo Egídio. Mas foram abafadas pela expressão tonitruante de russos e americanos que insistem em ir até o fim (mas com que fim?). Pior que isso, a própria ideia de paz é condenada pelos meios de comunicação do Ocidente como "putiniana", "muniquense", ou seja, como capitulação. Ora, só pode haver capitulação para um exército irremediavelmente vencido, como foi o caso do Exército francês em 1871 e em 1940. No caso da guerra atual, porém, há um relativo equilíbrio de forças, o que cria condições objetivas para um compromisso, ao passo que as condições subjetivas do ódio recíproco seguem na direção de uma intensificação e de um agravamento do conflito.

Do lado russo, sabemos que, por maior que seja sua ambição de reconstruir uma Grande Rússia, Putin é bastante realista e sabe como voltar atrás. Ele já fez isso na Geórgia, contentando-se com algumas migalhas; fez o mesmo ao abandonar a conquista de Kiev para avançar sobre o Donbass e uma parte do litoral ucraniano.

Por isso, não é razoável hitlerizar ou stalinizar Putin. Sem dúvida alguma, ele é herdeiro do tzarismo e do stalinismo, mas sem ser nem um tzar nem Stálin. Seu despotismo cruel, herdado dos despotismos precedentes, já é suficiente para estigmatizá-lo. Será impossível negociar com um déspota? O Ocidente negociou com Stálin e com Mao, e hoje negocia com Xi Jinping. Volto a dizer que Putin é um déspota capaz de realismo. Um golpe de estado que o eliminasse talvez levasse gente pacífica ao poder, mas a maior probabilidade é a dos hiperbeligerantes, que já se manifestam abertamente. Não se sabe se Putin será substituído e suplantado por fanáticos incendiários. As condições para a paz são claras: o reconhecimento da independência da Ucrânia, seja por um estatuto de neutralidade, seja por sua integração à União Europeia, e a consequente obtenção da garantia militar. Em contrapartida, a região separatista do Donbass não poderia estar novamente sob a soberania ucraniana, pois sua população russófona seria oprimida e reprimida. Sob supervisão internacional, sua população poderia ser submetida a um referendo ou então ser reconhecida pelo que é: historicamente russificada. De qualquer modo, dada sua importância econômica considerável para a Ucrânia, uma ideia seria instituir um condomínio ucraniano-russo sobre sua indústria. A Crimeia, por sua vez, é uma península tártara que durante o governo de Stálin teve sua população exilada para o Uzbequistão; parte dela depois voltou à terra natal, e nesse meio-tempo a região acabou sendo mais russificada que ucranizada. Com uma população constituída de 84% de russos, 12% de tártaros e 4% de ucranianos, por uma questão de lógica, ela deveria voltar a pertencer à Rússia. Seu destino militar dependeria de negociações.

As devastações materiais sofridas pela Ucrânia deveriam ser reparadas por uma ajuda internacional que incluísse a Rússia.

Os portos de Mariupol, de Berdiansk e até mesmo de Odessa poderiam ser portos livres em território ucraniano.

Tudo é negociável entre adversários de forças iguais, especialmente se tanto um quanto o outro forem apoiados, nesse sentido, por Estados que compreendem a necessidade e a urgência da paz para ambos os lados.

E, como já aconteceu na história, em situações em que ódios aparentemente inexpiáveis foram atenuados e depois se dissiparam no tempo, a paz estabeleceria a tranquilidade no longo prazo.

A urgência é grande: esta guerra é responsável por uma crise considerável que agrava e continuará a agravar todas as outras enormes crises do século enfrentadas pela humanidade, entre elas a crise ecológica, a crise econômica, a crise das civilizações, a crise do pensamento. Crises que, por sua vez, agravam e continuarão a agravar os males e a crise resultantes da guerra na Ucrânia. Em 2017, havia 80 milhões de seres humanos em situação de fome. Após a pandemia, o número chegou a 276 milhões e, em 2022, subiu para 345 milhões.

Quanto mais a guerra se intensifica, mais difícil é a paz, e mais urgente ela se torna.

Evitemos uma guerra mundial. Ela seria pior que a anterior.

SOBRE O AUTOR

O filósofo, antropólogo e sociólogo Edgar Morin, pseudônimo de Edgar Nahoum, nasceu em Paris em 8 de julho de 1921. Pesquisador emérito do Centre National de la Recherche Scientifique (CNRS), é formado ainda em Direito, História e Geografia. Intelectual de renome, Morin é considerado um dos mais importantes pensadores dos séculos XX e XXI. É autor de mais de trinta livros, entre eles **Introdução ao pensamento complexo**, **Ciência com consciência**, **Os sete saberes necessários à educação do futuro** *e sua obra mais importante,* **O Método**, *publicada em seis volumes, e, pelas Edições Sesc,* **A aventura de O Método** *(2020),* **Diário da Califórnia**, **Um ano sísifo** *e* **Chorar, amar, rir e compreender** *(estes três em 2012).*

Fonte *Roslindale Text*
Papel capa *Supremo Alta Alvura 250 g/m²*
miolo *Pólen Bold 90g/m²*
Impressão *Visão Gráfica*
Data *Agosto de 2024*

MISTO
Papel produzido a partir
de fontes responsáveis
FSC® C172712